# Hesekiel



Kennen Sie Hesekiel?

- den dritten der »großen« Schriftpropheten,
- der (vielleicht gerade 30-jährig) mit einem Teil seiner Landsleute unter ihrem König Jojachin in die Nähe der damaligen Welthauptstadt Babylon verschleppt wurde (597 v. Chr.),
- der als Heimatvertriebener den Beruf seines Vaters, den er wohl erben sollte, nicht übernehmen konnte,
- der in der Fremde leben musste, etwa 450 km von Jerusalem entfernt (der Weg um die Wüste herum war noch viel weiter),
- der erstaunliche Erfahrungen machte mit Augen und Ohren, die sein Leben grundlegend änderten,
- der 7 Jahre lang Furchtbares sagen musste – Gericht, Warnung, Zerstörung,
- der seine Frau auf tragische Weise verlor,
- der dann aber auch weitersehen konnte: sein Volk wieder heimkommend, von Gott gesammelt, neues Leben in toten Gebeinen, den neuen Tempel, frisches Wasser, das sogar das Tote Meer wieder lebendig macht.

*Diese Zeilen sollen Sie nicht abschrecken, sondern gespannt machen auf das Buch des Propheten Hesekiel (ökumenisch: Ezechiel). Bevor Sie weiterlesen, forschen Sie bitte selbst an folgenden Stellen: Hes 1,1-3; 24,15-27; 36,23-28; beantworten Sie dann bitte folgende Fragen:*

- Wo wurde Hesekiel zum Propheten berufen? ____________________
- Wann geschah das? ____________________
- Wie hieß der Vater Hesekiels?
  Und welchen Beruf übte er aus? ____________________
- Für welches katastrophale Ereignis
  ist der Tod seiner Frau ein Zeichen? ____________________
- Was kündigt Hesekiel nach der
  Katastrophe an? ____________________

Hinweise:

1. Der Name »Hesekiel« bedeutet »Gott ist stark«.
2. Die 1. Deportation (Wegführung) war 597 v. Chr.; das »fünfte Jahr danach« war dann nach jüdischer Zählung 593 v. Chr.
3. Kebar war vermutlich ein Seitenkanal des Euphrat.

Nun haben Sie schon einiges über Hesekiel erfahren; hier folgt zusammengefasst, was Sie über den Propheten wissen sollten:

- Hesekiel wurde im Jahr 597 v. Chr. bei der 1. Deportation nach Babel geführt. Er hat den Priesterdienst seines Vaters, die außenpolitischen Spannungen, die Belagerung Jerusalems durch das Heer Nebukadnezars und die Plünderung des Tempels miterlebt.
- Fünf Jahre später, 593, wurde er zum Propheten berufen. Er wirkte bis etwa 571.
- In der Ferne hörte er von den politischen Entscheidungen des Königs Zedekia in Jerusalem und erhielt schließlich die Nachricht von der Zerstörung Jerusalems (587) und von der 2. Deportation. Bis zu diesem Zeitpunkt hatte Hesekiel fast ausschließlich das Gericht Gottes anzusagen (Kap. 4–32).
- Nach 587 änderte sich die Botschaft des Propheten: Er konnte nun im Auftrag Gottes neues Heil ansagen (Kap. 33–49).
- Wie die beiden großen Teile des Hesekielbuches – Gericht (4–32) und Heil (33–48) – gegliedert werden können, sehen Sie auf der nächsten Seite.

Dieses Heft möchte Sie, liebe Kursteilnehmerin/lieber Kursteilnehmer, einladen, das Volk Israel zu begleiten auf seinem Weg von der Exilszeit bis ins 3. Jahrhundert v. Chr. Vielleicht kennen Sie diesen Weg bisher nur wenig oder gar nicht; dann wird Ihre bibelkundliche Reise möglicherweise nicht ganz einfach, aber umso interessanter. Zwei Geschichtsbücher (Esra, Nehemia) beschreiben Ihnen den Weg durch die Jahrhunderte, dazu neun Prophetenbücher.
Zur besseren Übersicht finden Sie unten rechts eine kleine Zeittafel. Einige wichtige Daten sind schon eingetragen (alle Jahreszahlen natürlich »vor Christus«):

597 Erste Deportation (= Verschleppung): Der babylonische Herrscher Nebukadnezar nimmt Jerusalem (kampflos) ein, plündert den Tempel und führt die Oberschicht des Volkes nach Babel (Priester, Handwerker, Soldaten usw.). 2 Kön 24,10-16 berichtet darüber.

587 Zweite Deportation: Nebukadnezar ärgert sich, dass Juda ein Bündnis mit der anderen Großmacht Ägypten anstrebt; er erobert Jerusalem, zerstört den Tempel und führt große Teile des Volkes in die Gefangenschaft (2 Kön 25).

Wie geht die Geschichte weiter? Zwei Daten sollen Sie kennenlernen:

539 Der Perserkönig Kyrus erobert das babylonische Reich; die babylonische Herrschaft ist zu Ende.

538 Kyrus lässt die ins babylonische Exil verschleppten Juden wieder frei: Sie dürfen in ihr Land zurückkehren und Jerusalem und den Tempel wieder aufbauen.

*Nein, keine Angst! – der Bibelkurs wird kein Geschichtsunterricht; Sie sollen nur die wichtigsten Daten erfahren, um die biblischen Bücher besser zu verstehen.*

- Die Kapitel 1–6 des Buches Esra berichten, was nach 538 bis 515 (Weihe des neuen Tempels) geschah; die Kapitel 7–10 führen in die Zeit ab 458.
- Das Buch Nehemia schildert den Bau der Stadtmauer Jerusalems – etwa 445–433.

*Zeichnen Sie in die Zeittafel bitte die Berichtszeiträume der beiden Geschichtsbücher ein. Tragen Sie dann bitte auch die Wirkungszeit einiger Propheten ein (am besten in verschiedenfarbigen Linien):*

- Hesekiel wirkte von 593 bis etwa 571.

Die Erzählungen des Buches Daniel führen in die Zeit des babylonischen Exils, also zwischen 587 und 538 v. Chr.

- Der Prophet, der in Jes 40–66 zu Wort kommt, verkündigte nach 550 v. Chr.
- Die Propheten Haggai und Sacharja wirkten um 520, also zu der in Esra 1–6 geschilderten Zeit.
- Wann Joel und Obadja wirkten, ist ungewiss.
- Maleachi verkündigte vermutlich irgendwann zwischen 500 und 450.

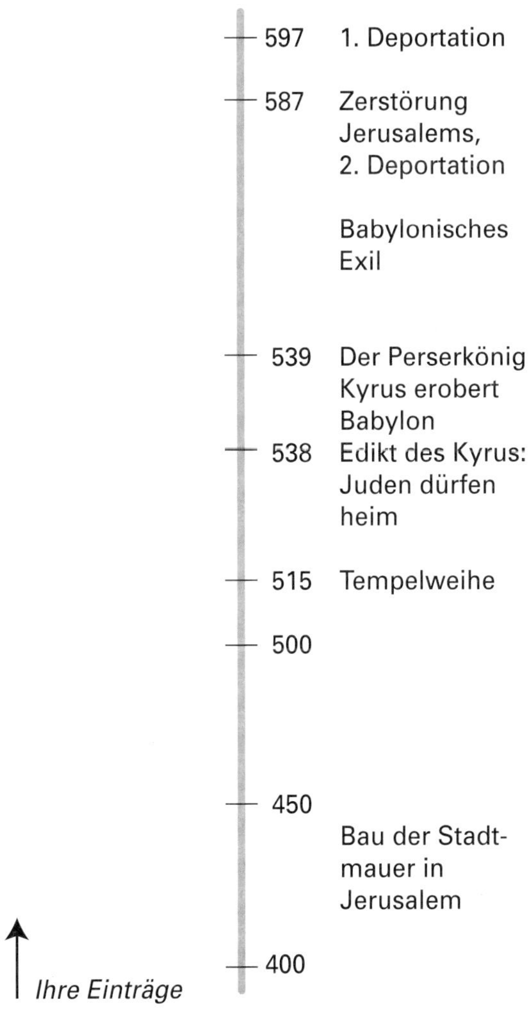

| | | | |
|---|---|---|---|
| 1–3 | **Berufung** | • 1 | Hesekiel sieht den Thronwagen Gottes mit den vier Gestalten |
| | | • 2 | Gott beauftragt Hesekiel; der Prophet muss die Buchrolle essen |
| | | • 3 | Der Prophet wird zum Wächter über Israel bestellt |
| 4–24 | **Gottes Gericht über Jerusalem** | • 4 | (bis 5,4) Das Gericht über Jerusalem (Zeichenhandlung) |
| | | • 8–10 | Gräuel im Tempel; das schreckliche Gericht; Gottes Herrlichkeit |
| | | • 11 | (11,14–12,12) Gericht über die Obersten; Verheißung des neuen Geistes; Gottes Herrlichkeit zieht aus dem Tempel aus; Zeichenhandlung: Loch durch die Wand |
| | | • 15 | Gleichnis vom unbrauchbaren Rebholz |
| | | • 16 | (vgl. 23) Hurerei Jerusalems: geschichtlicher Rückblick |
| | | • 17 | Bild vom Zedernwipfel und vom Weinstock (gegen das Bündnis Zedekias mit Ägypten; Gott wird wieder ein neues Reis pflanzen) |
| | | • 24 | Bild vom rostigen Topf; Tod der Frau; Zerstörung Jerusalems |
| 25–32 | **Gericht über die Völker** | | Nicht nur Israel, auch die Nachbarvölker, die Israel zum Götzendienst und zur falschen Bündnispolitik bewegten, werden gerichtet: Ammon, Moab, Edom (25), Tyrus (26–28), Sidon (28), Ägypten (29–32) |
| 33–39 | **Rettung und Erneuerung Israels** | • 33 | Hesekiel wird neu zum Wächter über Israel bestellt (vgl. Kap. 3) – jetzt, nachdem Jerusalem gefallen ist |
| | | • 34 | Gegen die schlechten Hirten Israels: Gott ist der Hirte, der das Verlorene wieder sammeln und einen neuen Hirten erwecken wird |
| | | • 36 | Gott, der Herr, wird Israel wieder suchen |
| | | • 37 | Das Feld der Totengebeine – Leben kommt wieder in sie! |
| 40–48 | **Der neue Tempel** | • 40 | (V. 1-7) Beginn der Geschichte |
| | | • 43 | (V. 1-12) Die Herrlichkeit des Herrn zieht wieder in den Tempel ein |
| | | • 47 | (V. 1-12) Der wunderbare Strom aus dem Tempel |

*Die Gliederung auf S. 3 will Ihnen die großen Abschnitte des Buches Hesekiel vorstellen, dazu einige – mit einem Punkt gekennzeichnete – Kapitel, die Sie lesen sollten. Folgende Erklärungen sollen Ihre Lektüre unterstützen.*

## Kap. 1–3: Berufung

Hesekiel sieht Erstaunliches kommen – feurig, glänzend, rauschend, bewegt, blendend, überwältigend: Gottes Herrlichkeit. In Wind, Wolken und Feuer (= Zeichen der Gegenwart Gottes) naht sich ein Thronwagen. Vier menschenähnliche Wesen bilden ihn; jedes hat vier Flügel und trägt vier Gesichter – Mensch, Löwe, Stier, Adler. Hesekiel sieht, wie der Wagen, den die Wesen mit ihren Flügeln bilden, sich bewegt, mit ihm die vier ineinander gefügten Räder voll glänzender Augen. Der Prophet beschreibt die Wesen ausführlich; erst danach wagt er, von der Gestalt zu reden, die auf dem Thronwagen sitzt: Gott selbst in gleißendem Lichtschein, Feuer und Glanz. Nur andeutend kann Hesekiel die Herrlichkeit des Herrn beschreiben.

*Können Sie sich denken, warum es für Hesekiel sehr wichtig war, die Herrlichkeit Gottes zu sehen?*

Hesekiel hat bis jetzt gesehen; nun hört er seinen Auftrag: »Du sollst ihnen meine Worte sagen« (2,7). Er muss die Schriftrolle voller »Klage, Ach und Weh« (2,10) essen, sich einverleiben, verinnerlichen. Er erfährt: Sein Auftrag wird schwer; aber der Herr sorgt für ihn. Der Geist führt ihn zu den Verbannten am Fluss Kebar. Hesekiel soll ab jetzt »stumm« (3,26) sein – das bedeutet: Er soll ab jetzt nur noch für Gottes Auftrag und seine Botschaft da sein. Weder menschlicher Trost noch Beschwichtigung soll über seine Lippen kommen.

*Wann öffnet Gott dem Propheten wieder den Mund? Hes 33,2 f gibt Auskunft.*

Eine solch ausführliche Prophetenberufung begegnet uns nur bei Hesekiel – mit gutem Grund: Der in die Ferne verschleppte Hesekiel sieht Gottes Herrlichkeit – und erfährt damit: Gott ist nicht an Jerusalem gebunden. Er ist auch hier im babylonischen Reich der Herr! Seine Herrlichkeit ist nicht allein im Allerheiligsten des Tempels zu suchen, sondern auch hier bei den Gefangenen. Er lässt sie nicht im Stich.

## Kap. 4–32: Gottes Gericht über Israel und die Völker

*Auf S. 3 sind die Kapitel angegeben, die Sie lesen sollten – auch wenn Sie nicht gleich alles verstehen. Eine Erklärung aller Einzelheiten würde hier im Bibelkurs zu weit führen; einige Beobachtungen sollen genügen. Notieren Sie aber, was Sie am nächsten Kursabend besprechen wollen.*

- Hesekiel muss das Gericht über Israel und seine Nachbarvölker in aller Schärfe ansagen. Jerusalem wird untergehen. Israel gehorchte nicht. Im Bild der Hurenweiber malt der Prophet Götzendienst und Untreue drastisch vor Augen.

- Seine Verkündigung muss Hesekiel durch eindrückliche, oft krasse Zeichenhandlungen unterstreichen, zum Beispiel:
  - Er soll mit Ziegelstein und Eisenplatte die Belagerung Jerusalems darstellen.
  - Er darf täglich nur 20 Lot (ca. 240 g) Brot essen – zum Zeichen der knappen Rationen während der Belagerung Jerusalems.
  - Er muss ein Loch in seine Hauswand schlagen und mit Wandergepäck davoneilen; so wird König Zedekia aus Jerusalem fliehen.
  - Der Tod der Frau wird zum Zeichen für den Untergang Jerusalems.

  (vgl. Kap. 4; 12; 24. Kennen Sie noch weitere Zeichenhandlungen?)

### Kap. 33–39: Rettung und Erneuerung Israels

Eine neue Situation: Jerusalem ist gefallen (33,21f; vgl. 24,26). Hesekiel wird jetzt aufs Neue zum Wächteramt bestimmt.
In Kap. 34 verbinden sich Gericht und Barmherzigkeit Gottes auf tröstliche Weise miteinander: Den schlechten Hirten, die die Herde Israel ins Unglück stürzten, stellt der Prophet den Hirten gegenüber, der sich jetzt selbst seiner Herde annimmt. Gott, der Herr, wird sein Volk wieder sammeln (Kap. 36), wird ihm ein neues Herz und einen neuen Geist geben: »Und sie sollen erfahren, dass ich der Herr bin« (36,38).

Kap. 37 gehört zu den ergreifendsten Kapiteln des Buches Hesekiel: Der Prophet sieht ein Feld voller Totengebeine; auf einmal zieht wieder Leben in sie ein, Gottes Odem: Er wird Gräber öffnen, sein Volk sammeln und es wieder in sein Land setzen.

### Kap. 40–48: Der neue Tempel

Der Prophet wird durch die Hand des Herrn in einer Vision nach Israel geführt; dort sieht er den neuen Tempel, den Bau, die Mauern, die kultischen Einrichtungen – und die Herrlichkeit des Herrn, die wieder in den Tempel einzieht. Nach den Anweisungen für Priesterdienst und Opfer beschreibt Hesekiel den Strom lebendigen Wassers, der aus dem Tempel das Kidrontal hinab ins Tote Meer fließt – ein Strom, der die Wüste blühend und das Tote Meer lebend macht; hier sieht der Prophet in die neue Schöpfung Gottes.

Sie haben jetzt Grundzüge des Buches Hesekiel kennengelernt; die Bedeutung des Propheten lässt sich freilich nicht in wenige Worte fassen; es lohnt sich aber, über zwei Beobachtungen nachzudenken:

- Hesekiel ist der erste (Schrift-)Prophet, der (unfreiwillig) in der Fremde lebt – und dort verkündigt! Dass Gott auch im Exil der Herr ist, dass er dort seine Herrlichkeit zeigt und zu seinem Volk redet – das bezeugt Hesekiel.

*An drei wichtigen Stellen kommt die »Herrlichkeit Gottes« bei Hesekiel vor.*
*Was ist jeweils über Gottes herrliche Gegenwart ausgesagt?*

| 1,26-28 | 10,18-22 11,23 | 43,1-4 |
|---|---|---|
| | | |

- Hesekiel sagt zuerst Gericht, dann – nach der Katastrophe – Heil an. Dass Gottes Weg mit seinem Volk ins Gericht, aber nicht in den völligen Untergang führt, das darf Hesekiel verkündigen: Gott führt sein Volk weiter.

*Stellen Sie sich vor: Hesekiel hat gerade am Fluss Kebar gepredigt; jetzt drängen sich babylonische Journalisten und jüdische Gelehrte um ihn und überhäufen ihn mit Fragen – was wird Hesekiel antworten?*

Welchen Beruf hatte Ihr Vater?

**Wie sehen Sie angesichts der unfähigen »Hirten« Israels die Zukunft Ihres Volkes?**

**Warum wurden die Totengebeine wieder lebendig?**

***Wie war das mit dem Loch in der Mauer?***

**Was sagen Sie zum Tempel in Jerusalem? Gibt es einen neuen?**

**Welche Bedeutung sahen Sie im Tod Ihrer Frau?**

Warum sind Sie damals mit dem Wandergepäck so schnell davongelaufen?

**Was wird aus dem Land Ihrer Väter werden – aus Israel?**

# Daniel

Der Staat Juda am Ende; Israeliten verschleppt in fernes Land; ein Volk, zerrissen und in der Fremde – eine traurige Lage! Auch hoffnungslos? Ohne Zukunft? Führt der Weg Judas – wie der vieler Völker mit ähnlichem Schicksal – in den Untergang? In die Auflösung?

*Stellen Sie sich bitte vor: Zwei alte Juden unterhalten sich – um 580 v.Chr. irgendwo im babylonischen Reich. Was bewegt sie? Welche Fragen stellen sie?*

Folgende zwei Fragen drängten sich vermutlich immer wieder auf:
1. Lohnt es sich noch, an Gott zu glauben und seine Gebote zu halten?
2. Was wird mit seinem Volk geschehen – inmitten der Großmächte der Welt? Wer behält die Fäden der Geschichte in der Hand?

Diese Fragen wurden nicht allein in den Jahrzehnten des babylonischen Exils gestellt. Sie blieben die Existenz- und Glaubensfragen des Volkes Israel durch die weiteren Jahrhunderte hindurch; denn auch nach dem Ende der Exilszeit (539 v. Chr.) blieben viele Juden in fremden Landen; und Juda/Israel wurde (abgesehen von einigen Jahrzehnten im 2. Jahrhundert v. Chr.) nie mehr ein selbstständiger Staat, sondern gehörte stets zum Herrschaftsgebiet einer Großmacht.

Das Buch Daniel antwortet auf diese beiden Fragen. Der erste Teil des Buches – Kap. 1–6 – geht eher auf die erste Frage ein; der zweite Teil – Kap. 7–12 – nimmt die Geschichte der Völker ins Blickfeld – und weist auf den, der sie lenkt.

| | |
|---|---|
| **1** | Daniel und seine drei Freunde am Hof Nebukadnezars: Sie halten an jüdischen Speisevorschriften fest und sehen doch besser aus als andere. |
| **2** | Nebukadnezars Traum: Nur Daniel kann den Traum erzählen und deuten: Der Koloss mit den tönernen Füßen stellt vier Weltreiche dar; sie werden vergehen – Gott wird sein Reich aufrichten. |
| **3** | Die drei Freunde Daniels weigern sich, ein goldenes Standbild anzubeten. Sie werden in den Feuerofen geworfen und dort wunderbar bewahrt. |
| **4** | Ein Schreiben Nebukadnezars. Daniel deutet dessen Traum vom Baum, und das Geträumte wird Wirklichkeit. |
| **5** | Belsazars Gastmahl und die Schrift an der Wand: Mene mene tekel u-parsin! Daniels Deutung und Belsazars Tod. |
| **6** | Daniel betet zu seinem Gott – trotz des Verbots. In der Löwengrube wird er wunderbar bewahrt. |
| **7** | Daniels Gesicht (Vision) von den vier Tieren, den zehn Hörnern, dem uralten Herrscher auf dem Thron und dem Menschensohn |
| **8** | Daniels Gesicht vom Widder und Ziegenbock |
| **9** | Deutung der »70 Jahre« (Jer 25,11 f); Daniels Bußgebet |
| **10** | Kämpfe der Völkerengel; Anbruch der Endzeit |
| **11** | Geschichte vom Perserreich bis zu den Diadochenreichen |
| **12** | Michael bricht auf! Endkampf und Heilszeit |

*Kennen Sie schon einige Geschichten aus dem Buch Daniel? Lesen sollten Sie jetzt am besten das ganze Buch, auf jeden Fall die Kapitel 1–3; 5+6; 7+8; 11+12. Wie antwortet das Buch Daniel auf die zwei Fragen von S. 6?*

1. Wer auch in der Fremde und unter Verfolgung auf Gott vertraut und an seinen Geboten festhält, wird bewahrt!
   Daniel und seine drei Freunde bleiben im Glauben an den Gott Israels standhaft:

- Sie halten an den jüdischen Speisegesetzen fest – und sehen nach dem 10-tägigen Test frischer und gesünder aus als die anderen jungen Leute im Palast (Kap. 1).
- Sie weigern sich, das goldene Bild Nebukadnezars anzubeten – und werden im Feuerofen wunderbar bewahrt (Kap. 3).
- Daniel betet trotz Verbot und Drohungen täglich zu den im Judentum vorgeschriebenen Zeiten – und bleibt bei den Löwen unversehrt (Kap. 6).
- Daniel erlebt, wie Belsazar nicht ungestraft über den Gott Israels spottet und die Gefäße aus dem Jerusalemer Tempel entweiht (Kap. 5).

So erfahren die Juden: Gott ist stärker als die fremden (Groß-)Mächte und ihre anscheinend so gewaltigen Herrscher. Auch sie müssen sich immer wieder der Macht Gottes beugen und ihn als Herrn bekennen (3,28 f; 4,34; 6,27 f).

**2.** Die Weltmächte werden vergehen: Gott führt die Geschichte zu seinem Ziel

- **Daniel, der Seher**
  Während die ersten 6 Kapitel über Daniel (im »Er«-Stil) berichten, kommt in Kap. 7–12 Daniel selbst zu Wort: Er schildert seine Träume, »Gesichte«. Schon während seiner Ausbildung war deutlich: »Daniel verstand sich auf Gesichte und Träume jeder Art« (1,17). Er kann die Träume Nebukadnezars auslegen (Kap. 2 und 4) und die geheimnisvolle Schrift an der Wand lesen (Kap. 5). Jetzt – ab Kap. 7 – berichtet er von Gesichten, die er selbst gesehen hat; und sein Blick reicht weit über die Jahrhunderte hinweg. Daniel ist also nicht in erster Linie ein Prophet, der Gottes konkrete Weisung für die Gegenwart anzusagen hat, sondern ein Seher, der die Zusammenhänge der Geschichte bis zum Ende schaut. In der hebräischen Bibel steht Daniel übrigens nicht bei den Propheten, sondern zwischen Ester und Esra.

- **Der Blick über die Weltreiche**
  Vor allem in Kap. 2 und 7 wird deutlich, wie Daniel ein Weltreich dem anderen folgen sieht – dargestellt in dem »hohen, hell glänzenden Bild… schrecklich anzusehen« (2,31) und in den vier Tieren (Kap. 7). Auch die Vision von Widder und Ziegenbock zeigt, wie Mächte aufeinander folgen; in Kap. 11 sind sie beim Namen genannt: Gegen das Perserreich wird das griechische Reich aufstehen, ein »mächtiger König« (11,3: Alexander der Große). Dessen Reich wird zerteilt werden (11,4: die sog. »Diadochenreiche«). Die Verse 5-20 schildern die Auseinandersetzungen zwischen den Diadochenreichen, und die Verse 21-44 zeigen dann einen Herrscher, der »sich überheben wird und großtun gegen alles, was Gott ist« (11,36).

  Gemeint ist Antiochus IV. Epiphanes; er regierte von 175 bis 164 v. Chr., und Juda lag in seinem Herrschaftsgebiet. Er nannte sich selbst Gott und verbot den jüdischen Glauben, plünderte den Tempel und stellte darin einen Zeusaltar auf (vgl. 11,31), untersagte die täglichen Opfer und Gottesdienste, bedrohte den mit Todesstrafe, der heilige Schriften verborgen hielt. Auch in Daniel 7,24 f und 8,23-27 ist vermutlich von ihm die Rede. Die apokryphen Makkabäerbücher berichten darüber.

In den einzelnen Bildern der Gesichte Daniels lässt sich die Geschichte zwischen dem 6. und 2. Jahrhundert v. Chr. wiedererkennen. Hier eine Übersicht:

| **Daniel 2,31-35:** | | **Geschichtsepoche:** | | **Daniel 7,1-8 (+17 ff)** |
|---|---|---|---|---|
| Haupt aus feinem Gold | ← | Babylonisches Reich (bis 539) | → | der geflügelte Löwe |
| Brust und Arme aus Silber | ← | Reich der Meder | → | der Bär |
| Bauch und Lenden aus Kupfer | ← | Persisches Reich (erobert das babyl. und das medische Reich) (bis ca. 333) | → | vierköpfiger Panther (mit 4 Flügeln: dehnt sich in alle Richtungen aus!) |
| Schenkel aus Eisen | ← | Griechisches Reich (Alexander d. Große) mit den folgenden | → | das vierte Tier mit den Hörnern |
| Füße aus Eisen und Ton | ← | Diadochenreichen (besonders Antiochus IV. Epiphanes) | → | (= das »ganz andere« Horn, V. 24) |

- **Der Blick zum Ende**
  Daniels Gesichte lassen nicht nur über die Epochen einiger Großmächte schauen; sie enden auch nicht beim Tod des Antiochus Epiphanes IV. (264 v. Chr.; danach gab es wieder einen jüdischen Staat!). Sie reichen weiter: Gott wird sein Reich bauen, und der Menschensohn wird kommen (7,14+27). Das Neue Testament bezeugt: Jesus Christus ist der Menschensohn; in ihm ist Gottes Reich nahe gekommen, und es wird bis zum Ende der Zeiten gebaut; dann werden die Toten auferstehen zum Gericht; die menschlichen Reiche werden vergehen (vgl. 2,34 f+44), und das Volk Gottes wird errettet werden (12,1 f). Was also Daniel in eher groben Konturen sah, wird im Licht des Neuen Testaments deutlich und hell.

## Zur Entstehung des Buches Daniel

Vor allem die Kapitel 1–6 stellen Daniel als jungen Juden in Babylon vor. In der alttestamentlichen Forschung nimmt man freilich seit langem an, dass das Buch Daniel erst in der Zeit der Glaubensverfolgung um 165 v.Chr., die recht genau geschildert wird, so verfasst wurde, wie wir es heute kennen. Trifft diese Vermutung zu, so hat der Verfasser die alten Danielgeschichten in einer Zeit, in der (wieder) jüdische Speisegesetze verboten und Königsbilder zur Verehrung aufgestellt waren, neu erzählt als Trost, Halt und Ermutigung; und er hat die Gesichte Daniels für seine Leidensgenossen eröffnet und gezeigt: Es lohnt sich, im Glauben an Gott festzuhalten. Auch die Mächtigen dieser Erde müssen sich vor der Macht Gottes beugen und vor seinen Richterstuhl treten.

*Vermutlich haben Sie bemerkt, dass sich im Neuen Testament, vor allem in der Offenbarung des Johannes, viele Motive aus Daniel wieder finden. Hier einige Beispiele. Notieren Sie, was jeweils beide Stellen aussagen:*

| | | | | | | | |
|---|---|---|---|---|---|---|---|
| Dan 7,9 | ➜ | Offb 4,2: | ______ | Dan 9,27 | ➜ | Mt 24,15: | ______ |
| Dan 7,10 | ➜ | Offb 20,12: | ______ | Dan 12,1 | ➜ | Mt 24,21: | ______ |
| Dan 7,13 | ➜ | Lk 21,27: | ______ | Dan 12,4 (ff) | ➜ | Offb 10,4 (ff): | ______ |

# Jesaja 40–66

Schon die Bücher Hesekiel und Daniel ließen hineinblicken in die Zeit des babylonischen Exils – Jahre des Gerichts über Juda, Trauern, Klagen. Doch Gott ließ den Verschleppten verkündigen, dass er auch in der Fremde bei seinem Volk ist und es neu führen will. In Jesaja 40–55 wird nun eine Stimme laut, die wie keine andere sonst Gottes Vergebung, Heil, Befreiung und Neubeginn ansagt. Man hat diese Kapitel das »Trostbuch Israels« und das »Evangelium des Alten Testaments« genannt.

Seit langem nimmt man in der alttestamentlichen Forschung an, dass die Kapitel 40–66 nicht vom Propheten Jesaja selbst stammen. Dieser lebte zwischen 740 und 700 v. Chr. in Jerusalem während der Bedrohung Judas durch die Assyrer. Jes 40 ff aber spricht in eine andere Zeit – in die des babylonischen Exils. Babel wird mit Namen genannt; die babylonischen Götter, die Knechtschaft des Volkes und der Perserkönig Kyrus, der das babylonische Reich 539 v. Chr. eroberte und die Juden freiließ, werden genannt. So liegt die Annahme nahe, dass ein uns unbekannter Prophet, ein »zweiter Jesaja« (= griech: Deuterojesaja) unter den Juden im Exil verkündigte – vermutlich geheim und unter äußeren Schwierigkeiten.

| | | | |
|---|---|---|---|
| 40 | Einleitung: Gott tröstet und befreit; er ist ganz unvergleichlich! | • 1-11 | Tröstet, tröstet... |
| | | • 25-31 | Er gibt den Müden... |
| **41–44,23** | **Der Weltenrichter erbarmt sich über Israel** | | |
| 41 | Die Völker (»Inseln«) vor Gericht | • 14 | Fürchte dich nicht... |
| | 42,1-9 1. Lied vom Gottesknecht | • 1-9 | Das geknickte Rohr... |
| 42/43 | Gott erlöst sein Volk aus Knechtschaft und Sünde | • 1-7 +24f | Fürchte dich nicht... |
| 44 | Die Götzen sind Nichtse und können nicht erlösen | • 6-23 | Ich bin der Erste... |
| **44,24-48** | **Der Gott Israels setzt sich durch** | | |
| 44/45 | Der Perserkönig Kyrus – ein Werkzeug Gottes (»Gesalbter«) | • 1-7 | Ich bin der Herr... |
| 46 | Die Götzen sind gefallen! | • 1-5 | Wem wollt ihr... |
| 47/48 | Gericht über Babel/Israel hat die Gnade nicht verdient | • 47,11-15/48,16-22 | |
| **49–55** | **Der Weltschöpfer beginnt Neues mit Israel und mit der Welt** | | |
| | 49,1-6 2. Lied vom Gottesknecht | • 1-6 | Es ist zu wenig... |
| 49 | So wird Israel wiederhergestellt | • 8-16 | Kann auch ein Weib... |
| | 50,4-11 3. Lied vom Gottesknecht | • 4-11 | Alle Morgen... |
| 51 | Der Herr heilt, tröstet, weckt auf | • 12-16 | Ich bin... |
| 52 | Die frohe Botschaft – die Trümmer Jerusalems jubeln! | • 7-12 | Wie lieblich... |
| | 52,13–53,12 4. Lied vom Gottesknecht Sein stellvertretendes Leiden: Er trug unsere Sünden | • 52,13–53,12 | Fürwahr er trug... |
| 54 | Die neue Gnadenzeit beginnt | • 6-10 | Es sollen wohl... |
| 55 | Kommt – zum ewigen Bunde! Eilt – zur Freude! | • 1-13 | Denn meine Gedanken... |

*Die Prophetenworte in Jes 40–55 kreisen immer wieder um das eine Thema: Gott, der Herr, befreit sein Volk und erweist vor den Völkern seine Macht. Auf S. 10 sehen Sie eine Gliederung. Die fettgedruckten Überschriften können Sie zu Ihrer besseren Übersicht farbig unterstreichen. Die rechts angegebenen Verse sollten Sie lesen (wenn Sie sich nicht am ganzen Buch erfreuen wollen); jeweils in diesen Versen finden Sie die zitierten Satzanfänge. Ergänzen Sie bitte die Worte (nicht die ganzen Sprüche; z. T. genügen Stichwörter).*

## Jesaja 40–55: Das Trostbuch von der Erlösung Israels

Die gewaltige Botschaft des Propheten im Exil zeigt drei Wirkungen des mächtigen und erbarmenden Eingreifens Gottes:

- Gott hat seinem Volk vergeben. Es wurde nach dem Ungehorsam gezüchtigt; nun ist die Strafe vorbei. Der Herr hat sein Volk lieb (43,4); er wird es nicht zerbrechen oder auslöschen, sondern erlösen: Die Schuld ist vergeben – und das Volk darf wieder heim! Die Ketten der Gefangenschaft werden fallen. Gott selbst bahnt in der Wüste zwischen Babel und Jerusalem den Weg der Heimkehr (43,16 ff; vgl. Auszug aus Ägypten).

- Im Licht des lebendigen Gottes erweisen sich die babylonischen Götzen als nichtig, von Menschen gemacht (vgl. das herrlich ironische Stück 44,6-20). Oft im Stil einer Gerichtsverhandlung (z. B. 47,12 »tritt auf«, 41,1 »lasst uns rechten«) zeigt Gott seine Macht.
  Er wird auch die Zerstörung des babylonischen Reiches herbeiführen – und zwar durch den Perserkönig Kyrus, den er sich als Werkzeug, ja als »Gesalbten« erwählt.

- Der Prophet hat aber nicht nur die Rettung des eigenen Volkes und den Untergang Babylons vor Augen; er zeigt: Vor allen Nationen (»Inseln«) wird Gott sich als Schöpfer und Richter der Welt erweisen. Alle Knie werden sich vor ihm beugen (45,23), und er wählt sich einen Knecht »zum Licht der Heiden« (49,6): Durch ihn bahnt Gott den Weg zur Erlösung der ganzen Welt.

## Die Lieder vom Gottesknecht

Vier Abschnitte – 42,1-9; 49,1-6; 50,4-11; 52,13–53,12 – sprechen in besonderer Weise von einem »Knecht Gottes«. Gott hat ihn erwählt: Er soll Israel zum Herrn zurückbringen und zum Licht der Heiden werden. Das 3. Lied zeigt: Der Knecht wird ins Leiden gestürzt – geschlagen, bespeit; und das 4. Lied schildert seinen Tod nicht als Unglück oder Scheitern, sondern als stellvertretenden Tod für »die Vielen« (53,11): »Er trug unsere Krankheit... und ist um unserer Sünde willen geschlagen... damit wir Frieden hätten« (53,4 f). Wer ist der Knecht? Der Prophet selbst? Eine andere Gestalt? Das Buch Jesaja lässt die Frage offen. Erst das Neue Testament gibt die Antwort: Jesus Christus ist der Gottesknecht. Er wurde zum »Licht der Heiden«; er bot seinen Rücken den Schlagenden dar, er richtete Gottes Recht (Gerechtigkeit) auf Erden auf, und er starb für die Vielen.

*Keine andere Schrift wird im Neuen Testament so oft zitiert wie Jes 40–55. Hier einige Beispiele. Schreiben Sie bitte jeweils die Stelle des zitierten Wortes dazu:*

Röm 14,11 ______

Apg 8,32 f ______

Mt 12,18-21 ______

2 Kor 6,2 ______

Lk 3,4-6 ______

1 Petr 1,24 f ______

Joh 6,45 ______

1 Petr 2,24 ______

### Jesaja 56–66: Neue Zukunft für Jerusalem

Die Kapitel Jes 56–66 setzen eine andere Situation voraus als Kap. 40–55 (wobei der Verfasser derselbe sein kann): Das Angekündigte ist geschehen; Gottes Volk ist frei, nachdem Kyrus Babylon eroberte und die Juden aus der Gefangenschaft entließ (mehr darüber unten zu Esra und Nehemia). Ein Teil der Gefangenen kehrte zurück – und fand Jerusalem in Trümmern! Den Tempel zerschlagen, die Mauern zerbrochen! Was soll aus Jerusalem werden? In dieser Situation zeigt der Prophet die göttlichen Pläne für Jerusalem und den Tempel. Seine Worte sollten zum Tempel(wiederauf-)bau ermuntern, und zugleich leuchtet in ihnen bereits die Gemeinde aus allen Nationen auf, die das Neue Testament zeigt (vgl. Apg 2 und Offb 21,1 ff+23 ff).

*Folgende Abschnitte sollten Sie lesen:*

| | |
|---|---|
| 56,1-8 | Das Volk Gottes wird zum Tempel gesammelt – und auch »Fremde« (Unbeschnittene) sind darunter: ein Vor-Bild der Gemeinde aus allen Nationen. |
| 60 | Die versammelte Gemeinde: auch Heiden kommen in die »Stadt des Herrn«, zum »Zion des Heiligen Israels« (V. 14; zu V. 6 vgl. Mt 2!). |
| 61 | Berufung des Propheten – vgl. Lk 4,18 f! |
| 62 | Die kommende Herrlichkeit Jerusalems: »Macht Bahn... räumt die Steine weg... sagt der Tochter Zion (= Jerusalem): Dein Heil kommt!« (V. 10 f). |
| 66,13-24 | Noch einmal klingt ein Trostwort auf – und der Blick reicht bis zum neuen Himmel und zur neuen Erde (vgl. 65,17). |

## Esra und Nehemia

Die Bücher Esra und Nehemia sind die einzigen Geschichtswerke, die über die Zeit nach dem Exil berichten. In ihnen spiegeln sich einerseits die Freude, wieder heimkehren zu dürfen, andererseits die Probleme des Neubeginns in Israel.

Die Bücher schildern Ereignisse aus zwei unterschiedlichen Zeitabschnitten:

- Esra 1–6 berichtet über die Jahre nach 538: Kyrus gab den Juden in Babylon die Erlaubnis, in die Heimat zurückzukehren. Der Bericht endet mit der Tempeleinweihung (515) und umfasst somit 23 Jahre.

- Esra 7–10 und Nehemia berichten aus der Mitte des 5. Jahrhunderts v. Chr. Im Jahr 458 – also 57 Jahre nach der Tempeleinweihung – kommt Esra nach Jerusalem; 12 Jahre später darf Nehemia (im Gegensatz zum Priester Esra ist er Laie) nach Juda reisen und Jerusalems Stadtmauer erneuern.

**Esra** *1. Vom Exil bis zur Tempeleinweihung*

1 Erlass des Kyrus: Die Juden dürfen heimziehen und ihren Tempel weiter aufbauen. Die Tempelgeräte werden Scheschbazar übergeben.

2 Liste der Rückwanderer; am Anfang Serubbabel und Jeschua, die dann beginnen, den Altar wieder aufzubauen und Opfer darzubringen; sie feiern das Laubhüttenfest.

3 Ab V. 8: Beginn des Tempelbaus; Fest der Grundsteinlegung, an dem Alte und Junge gerührt Anteil nehmen.

4 Behinderung des Tempelbaus. Mehrere Widerstände zu verschiedenen Zeiten – v. a. von Seiten Samarias – werden hier zusammengefasst.

5+6 Trotz der Widerstände wird der Tempel unter Serubbabel und Jeschua wieder aufgebaut – motiviert durch die Verkündigung der Propheten Haggai und Sacharja. Dem Brief an Darius folgt dessen Antwort unter Verweis auf den Kyrus-Erlass (vgl. Kap. 1). Am 1. April 515 v. Chr. wird der Tempel eingeweiht.

*2. Zur Zeit Esras und Nehemias*

7 Esra zieht von Babel nach Jerusalem – beauftragt und bevollmächtigt durch König Artahsasta (Artaxerxes): Esra soll »auf Grund des Gesetzes deines Gottes« nachforschen, »wie es in Juda und Jerusalem steht« (V. 14); er soll das Gesetz wieder einführen und das Leben danach ausrichten. Außerdem soll Esra Silber und Gold zum Kauf von Opfertieren mitnehmen.

8 Reisebericht des Esra, Verzeichnis der Mitheimkehrer und der Tempelschätze. Ankunft in Jerusalem (Erholung nach der Reise).

9 Esra ist erschüttert über die Mischehen (mit Frauen fremder Völker); er spricht ein Bußgebet (V. 6-15).

10 Die Mischehen werden aufgelöst; nichtjüdische Frauen und deren Kinder müssen fortgehen.

**Nehemia** *1. Erneuerung der Mauer*

1 Nehemia dient in Susa dem König Artaxerxes als Mundschenk. Dort hört er: Jerusalem ist immer noch unbefestigt; die Mauern sind nicht wieder aufgebaut – und er betet über diesem Unglück.

2 Nehemia bekommt von Artaxerxes Urlaub und reist nach Jerusalem. Dort untersucht er in der Nacht die Stadtmauer. Er teilt den Ratsherren seinen Auftrag und Plan mit; sie stimmen zu, doch Sanballat (Statthalter von Samaria, vgl. schon Esra 4,6 ff) und Tobija stellen sich dagegen.

3 Liste der Bauleute – vom Hohepriester bis zu den Händlern.

4 Sanballat, Tobija und ihre Verbündeten spotten; die Bauleute werden angegriffen und müssen Tag und Nacht Wachen aufstellen.

5 Arme beschweren sich – und Nehemia hilft ihnen: Er ordnet einen Schuldenerlass an und verzichtet auf sein Gehalt.

6 Sanballat, Tobija und Geschem versuchen – sogar durch Mordpläne –, den Bau der Mauer zu verhindern.
V. 15 ff: Der Mauerbau wird – trotz aller Schwierigkeiten – vollendet.

7 Maßnahmen zur Sicherung der Stadt. Die Häuser sind noch nicht aufgebaut. Verzeichnis der Heimkehrer aus dem Exil (vgl. Esra 2).

*2. Geistliche Erneuerung des Volkes*

8 Esra liest das Gesetz vor; das Volk feiert in festen Stadtmauern das Laubhüttenfest.

9 Fasten und langes Bußgebet des Volkes

10 Das Volk verpflichtet sich, das Gesetz zu halten.

11 Verzeichnis der Einwohner Jerusalems und der Landbewohner

12 Listen von Priestern und Leviten

13 Nehemia lässt alle Fremden aus dem Volk ausscheiden, beseitigt Missstände im Tempel, setzt die Sabbatheiligung durch und verbietet Mischehen mit Ausländern.

*Schlagen Sie bitte jetzt nochmal S. 1 dieses Heftes auf. Dort sehen Sie eine kleine Zeittafel, dazu Hinweise, wie Sie die leere Skizze ergänzen können. Haben Sie Esra (ab 458 bis etwa 435) und Nehemia (445 bis etwa 430) eingetragen (durch farbige Linien)? Wenn Sie sich für die Daten der persischen Könige interessieren: Sie finden diese in einer Zeittafel, wie sie die meisten Bibelausgaben im Anhang enthalten.*

*Auf der vorigen Seite finden Sie eine ausführliche Gliederung. Am besten schauen Sie sich diese zuerst einmal an und blättern dabei Ihre Bibel durch. Im Buch Esra sollten Sie dann Kap. 1; 3; 6; 7; 9 (V. 1-4); 10 und im Buch Nehemia Kap. 1; 2; 5; 6; 8; 12 (V. 27-43) lesen.*

## Die Botschaft der Bücher Esra und Nehemia

- Die heimkehrende Generation der Juden hat in ganz besonderer Weise erfahren, dass Gott seine Verheißungen (Jes 40 ff; Jer 29,10 u. a.) erfüllt und in seiner vergebenden Liebe einen Neubeginn schenkt.

- Doch der Neubeginn fällt nicht leicht: Die im Land gebliebene Bevölkerung hatte die Trümmer liegen lassen; und nun wehren sich die Nachbarn (v. a. die Samaritaner) gegen den Tempelbau. Ein äußerer Neubeginn konnte nur durch einen geistlichen Neubeginn getragen werden.

- Zuerst wird der Altar gebaut: Am Anfang steht der gemeinsame Gottesdienst! Esra und Nehemia erkennen später, dass das Volk gereinigt und geistlich erneuert werden muss – darum die strengen Maßnahmen gegen Mischehen und die Neuverpflichtung auf das Gesetz. Wie sind diese vom Neuen Testament her zu beurteilen?

- Die beiden Bücher, die übrigens zusammen mit den Chronik-Büchern ein großes »chronistisches Geschichtswerk« bilden, zeigen auch: Nicht alle Juden kehrten heim; viele blieben in Babylon und hatten mit der dortigen Bevölkerung Kontakt.

*Welche Personen sind hier abgebildet?*

# Haggai

Die Propheten Haggai und Sacharja wirkten in der Zeit des Tempel-Wiederaufbaus; in Esra 5,1 und 6,14 sind sie genannt. Darum betrachten wir sie bereits hier. Ab S. 17 folgt (dann in der biblischen Reihenfolge) die Darstellung der Prophetenbücher, die im Kurs noch nicht besprochen wurden.

*Das Buch Haggai haben Sie vermutlich rasch gelesen. Überlegen Sie dabei, welche Bedeutung die Aussagen Haggais für unsere Zeit haben.*

| | | | |
|---|---|---|---|
| **1** | 1-7+9-11 | Anlass: | Euch geht es schlecht, weil Gottes Haus verödet – karge Erträge, schlechtes Wetter! |
| | 8 | Aufruf: | Baut das Haus des Herrn! |
| | 12-15 | Auswirkung: | Serubbabel und Jeschua arbeiten am Tempelbau weiter. |
| **2** | 1-3 | Einsicht: | Wie sieht das Haus des Herrn jetzt aus – im Vergleich zu früher! |
| | 4-9 | Ermunterung: | Die beim Auszug aus Ägypten gegebene Verheißung gilt weiter: »Mein Geist soll unter euch bleiben«. Im herrlichen Tempel voller Kostbarkeiten wird Friede sein. |
| | 10-14 | Erkenntnis: | Unreine Menschen sind zum Tempelbau nicht geeignet. |
| | 15-23 | Ermutigung: | Wenn der Tempel fertig ist, geht es euch besser, dann wird der Herr seine Macht zeigen. |

Beachten Sie bitte zum Buch Haggai:

- Haggai weist auf den Zusammenhang von Tempelbau (und das bedeutet auch: Gottesdienst) und äußerem Wohlergehen. Nicht: »Weil es euch schlecht geht, könnt ihr nicht weiterbauen«, sondern das Umgekehrte gilt: »Weil ihr Tempel und Gottesdienst missachtet, werden die Zeiten schwer!« Darum mahnt Haggai, den Tempel-Wiederaufbau zu vollenden.

- Zur Situation: Die ersten Heimkehrer aus dem Exil hatten rasch mit dem Bau des Altars und des Tempels begonnen (Esra 3); sie hatten die Grundsteinlegung rührend gefeiert. Dann wuchsen die äußeren Widerstände, die erste Begeisterung verflog, und jeder dachte zuerst an sein eigenes Haus. Des Herrn Haus blieb liegen.

- Haggai mahnt nicht nur. Er stellt Gottes Verheißungen heraus (v. a. 2,4-9): Der Herr wird seine Herrlichkeit und Macht erweisen – darum arbeitet mit und feiert Gottesdienste! Für ihn aufgewandte Zeit und Kraft sind nicht umsonst!

- Die Zeitangaben – 1,1 (520 v. Chr., vermutlich August); 2,1 (September 520); 2,10+20 (November 520) – zeigen, dass Haggai vermutlich nur kurz gewirkt hat.

# Sacharja

Zwei Monate nach Haggai begann Sacharja zu predigen. Die Situation kennen Sie also bereits. Auch Sacharja geht es um die Vollendung des Tempels; doch der Bogen seiner Verkündigung ist viel weiter gespannt als bei Haggai: Sacharja berichtet von »Gesichten in der Nacht«, von Visionen also, die ihn in die Tiefe und Weite des verheißenen Heils blicken lassen.

Das Buch hat zwei Teile – Kap. 1–8 und Kap. 9–14. Zum zweiten Teil finden Sie gesonderte Erklärungen auf S. 17.

*Wissen Sie schon etwas über das Buch Sacharja? Wenn nicht, dann gehören Sie vermutlich zur Mehrheit der Bibelleser. Die Gliederung soll Sie beim Lesen folgender Abschnitte begleiten: Einleitung (1,1-6); 4. und 5. Vision; dazu 1,16f; 2,10-17; 6,9-15 und Kap. 8. (Verszahlen nach Lutherbibel)*

**Kap. 1–8: Visionen (»Nachtgesichte«) und Weisungen**

| | | |
|---|---|---|
| | 1,1-6 | Einleitung: Aufruf zur Umkehr. Denkt an die Väter, die dem Bußruf der Propheten nicht gehorchten! |
| **1. Vision** | 1,7-17 | Reiter, die über die Welt zogen – ein Spähtrupp Gottes, der noch keine Vorzeichen der kommenden Heilszeit feststellte. |
| | | 1,16+17 Heilswort: Der Herr wird sich Jerusalem wieder freundlich zuwenden! |
| **2. Vision** | 2,1-4 | Vier Hörner – vier Völker, die Israel unterdrücken; vier Schmiede – Mächte in Gottes Regie, die die Hörner zerbrechen. |
| **3. Vision** | 2,5-9 | Der Mann mit der Messschnur: So groß und weit wird das befreite Jerusalem sein! Doch es braucht keine Mauer; denn nur die feurige Mauer des Herrn kann es schützen. |
| | | 2,10-17 Aufruf: Alle sollen aus dem Exil heimkehren; Gott selbst wird in Jerusalem wohnen – darum: Freue dich, Zion! |
| **4. Vision** | 3,1-10 | Die einzige Vision, die Sacharja ohne eine Deutung durch den Engel versteht: Auch Jeschua, der als Hohepriester stellvertretend für das Volk vor Gott tritt, muss von Schuld gereinigt und von der Anklage des Satan befreit werden. Durch den Mittlerdienst Jeschuas hindurch leuchtet die Verheißung des kommenden Hohepriesters auf, des Sprosses aus dem Davidsstamm: des Messias. |
| **5. Vision** | 4,1-14 | Die Vision (V.1-5) wird in V. 11-14 erklärt: Der Leuchter versinnbildlicht das Volk Gottes (als Licht der Welt). »Schnauzen« sind wohl Dochtröhren, sodass 7 x 7 = 49 Flammen brennen. Sie werden vom Öl der Ölbäume gespeist – d. h. von den mit Öl gesalbten Trägern des königlichen und hohepriesterlichen Amtes (Serubbabel und Jeschua). Darum steht in der Mitte dieser Vision (V. 6-10) die Verheißung und Beauftragung Serubbabels. |
| **6. Vision** | 5,1-4 | Die Schriftrolle mit dem Fluch fegt die Bösen aus dem Land. |
| **7. Vision** | 5,5-11 | Die Gottlosigkeit wird aus dem Land geschafft. |
| **8. Vision** | 6,1-8 | Gottes Geist (des Gerichtes und der Gnade) wird auf der ganzen Erde herrschen und auch im Land des Nordens (Babylon) ruhen. |
| **Weisungen** | 6,9-15 | Jeschua wird gekrönt; nun ruhen König- und Priesteramt auf einer Person – ein Vorzeichen auf den »Spross«, den Messias. |
| | 7 | Über das rechte Fasten; Gottes Zorn über Unbrüderlichkeit |
| | 8 | Das kommende Heil für das Volk Gottes, für Jerusalem und für die Völker, die in Scharen nach Zion kommen werden, um den Herrn zu suchen. |

| | |
|---|---|
| **Kap. 9–14:** | **Vom Kommen des Gottesreiches** Die Kapitel 9–14 unterscheiden sich deutlich vom ersten Teil des Buches: Sie sprechen nicht mehr vom Tempelbau, sind historisch nicht einzuordnen; weder Jeschua und Serubbabel noch Sacharja werden beim Namen genannt. Der Seher berichtet auch nicht mehr selbst (»ich...«); ein anderer Sprachstil wird deutlich, und die Abschnitte sind oft ohne inneren Zusammenhang aneinandergefügt. Die meisten Forscher nehmen daher an, dass diese Kapitel aus einer anderen Zeit stammen. Es ist wenig sinnvoll, in der Gliederung alle Abschnitte aufzuführen; hier sind nur die Kapitel genannt, die Sie – wenn möglich – lesen sollten: |
| 9,9+10 | Verheißung des messianischen Friedensreiches |
| 9,16–10,3 | Die verlassene Herde und der rechte Hirte |
| 13,1+2 | Der offene Quell (der Vergebung) gegen Sünde und Befleckung wird in Jerusalem aufbrechen. |
| 14,1-11 | Jerusalem wird einmal zunächst den Heiden überlassen; dann – am »Tag des Herrn« – wird der Herr Jerusalem in Besitz nehmen und sein Volk erretten: Das Königtum Gottes in Jerusalem beginnt. |

Was Sie noch über das Buch Sacharja wissen sollten:

- *Ähnlich wie im Buch Daniel werden »Gesichte« erzählt. Der Prophet hört also nicht nur Gottes Wort, das er auszurichten hat, sondern sieht in Bildern Gottes Heil und Gericht kommen.*

- *Sacharja versteht die Visionen nicht von selbst. Erst nach seiner Rückfrage »Was bedeutet das?« erklärt ihm ein Engel den Sinn. Ohne das deutende Wort können Bilder missdeutet werden (das gilt auch für die Offenbarung des Johannes und andere sog. »apokalyptische« Schriften).*

- *An vielen Stellen des (ganzen) Buches spiegelt sich das Warten auf den Messias.*

*Können Sie drei Stellen nennen, die (direkt oder indirekt) vom Messias sprechen? (In den Kapiteln 3, 6 und 9 können Sie fündig werden.)* ________ ________ ________

*Welche der Verse aus Sacharja klingen in den neutestamentlichen Stellen wieder auf? (Verbinden Sie die Stellen bitte miteinander.)*

| | |
|---|---|
| Sach 14,21 | Mt 26,15+27,9 f |
| Sach 11,12 f | Joh 1,14 |
| Sach 9,9 | Mt 21,12 |
| Sach 2,14 | Mt 21,5 |

# Joel

Können Sie sich Heuschreckenschwärme vorstellen? Sie fressen alles kahl. Hungersnot folgt ihnen. Und wenn dazu eine Dürre ausbricht und ein Flächenbrand Steppen und Wälder vernichtet, dann wird die Lage katastrophal! Und Joel sagt: So kommt der »Tag des Herrn«! Die Katastrophen sind Vorboten des schrecklichen Gerichts. Und die Konsequenzen? Was sollen wir heute tun? Joel antwortet zweierlei: 1. Umkehren, Buße tun! Die Gemeinde sammeln und einen Fastentag ausrufen! 2. Auf den Herrn vertrauen, der »barmherzig, geduldig und von großer Güte« ist: Er wird die Not wenden, seinen Geist ausgießen und die Heiden strafen.

*Kennen Sie Joel? Nun, über ihn selbst ist fast nichts bekannt. Auch wann er gelebt hat, wissen wir nicht genau (manche vermuten die Zeit um 400, andere schon um 590, manche auch bereits um 780 v. Chr.). Aber sehen Sie sich seine Botschaft an! (Die Verse neben den Punkten rechts sollten Sie lesen.)*

| | | |
|---|---|---|
| 1–2,17 | Die Katastrophen<br>Der Bußruf | • 1,1-4 Heuschrecken • 1,17-20 Dürre<br>• 1,14 f; 2,1 f; 2,11 »Tag des Herrn« |
| 2,18–4 | Die Wende: Gottes Gnade<br>Ausgießung des Geistes<br>Gericht über die Heiden | • 2,13; 2,18-27<br>• 3,1-5<br>• 4,1+2; 4,12-17 |

*Eines der vier Kapitel haben Sie vielleicht schon aus einem anderen Zusammenhang gekannt: das Kapitel 3.*

*Schauen Sie einmal nach, wie Joel von Gottes Erbarmen und Rettung schreibt. Welche Worte, Bilder und Gedanken gefallen Ihnen besonders?*

______________________________

______________________________

______________________________

# Obadja

Die Edomiter sind Nachkommen von Esau – also ein Brudervolk des »Hauses Jakob« (= Israel). Wo liegt Edom?
Gegen dieses Land und seine Bewohner richten sich die Sprüche des kleinsten Prophetenbuches. Das Brudervolk Edom hat nämlich einfach zugeschaut, als das »Haus Jakob« von fremden Truppen erobert und Jerusalem eingenommen wurde – ja, es hat sich sogar darüber gefreut! Deshalb wird Gott an seinem Gerichtstag (»Tag des Herrn«) Edom strafen. Auf dem Berg Zion (Jerusalem) aber werden Gerettete wohnen.
Über Obadja wissen wir so gut wie nichts. In V. 11 ist vermutlich die Eroberung Jerusalems 587 v. Chr. gemeint.

# Jona

*Wer kennt ihn nicht, den Propheten im Fischbauch? Vermutlich haben Sie auch schon einiges über ihn gehört. Deshalb hier – bevor Sie die Geschichte lesen – ein paar Fragen – als Einstiegstest und als Anreiz zum Nachdenken:*

1. Wohin sollte Jona eigentlich gehen?
   Und was sollte er dort tun? ______________________________
2. Wie lange war Jona im Bauch des Fisches?
   Und was tat er dort? ______________________________
3. Jona erfüllt dann doch noch seinen
   Auftrag – mit welcher Wirkung? ______________________________
4. Worüber ärgert sich Jona
   anschließend? ______________________________

| | |
|---|---|
| **1** | Jonas Flucht – Sturm auf dem Meer – der Fisch |
| **2** | Jonas Gebet im Leib des Fisches |
| **3** | Jona erfüllt Gottes Auftrag und predigt in Ninive – Buße des Volkes |
| **4** | Jonas Ärger – die Staude – Gottes Wort an Jona |

Jona stammte aus Gat Hefer (in Galiläa, nahe bei Nazareth). Er lebte zur Zeit Jerobeams II. (787–747 v. Chr.; vgl. 2 Kön 14,25). Seine Geschichte wurde in späterer Zeit aufgeschrieben – können Sie sich denken, warum? Was ist die Absicht dieses Prophetenbuches?

Zu den vier Fragen von S. 18:

zu 1. Jona sollte in Ninive zur Umkehr rufen. Der Auftrag war schwer; denn Ninive (riesige Hauptstadt Assyriens) galt als Zentrum der Weltwirtschaft, des assyrischen Götterglaubens – und der Sünde (vgl. Nahum!). Jona flieht deshalb nach Spanien.

zu 2. Jona betet im Leib des Fisches 3 Tage lang. Später wurde diese Zeit als zeichenhaft verstanden – wissen Sie, von wem und als Zeichen wofür? (vgl. Mt 12,40) ____________________

zu 3. Jona predigt – und das Volk tut Buße! Darum wendet Gott sein Gericht ab.

zu 4. Darin liegt die Pointe der Geschichte: Jona ärgert sich darüber, dass Gott so gütig ist! Er kann nicht einsehen, dass Gottes Barmherzigkeit bis nach Ninive reicht und dass Gott sogar den Heiden vergibt. Durch die (Rizinus-)Staude soll ihm deutlich werden: Er jammert schon, wenn die Pflanze verloren geht. Und Gott, der Herr, soll es nicht bedauern, wenn eine ganze Stadt verloren geht?

# Maleachi

Der Prophet Maleachi (= »mein Bote«) predigte zwischen 515 und 450 v. Chr. Seine Besonderheit: Er verkündigte im Gesprächsstil. Gottes Wort und Gegenfragen der Menschen wechseln einander ab. Hier ein Überblick über Stellen und Themen der sechs Gespräche:

| | **Stelle** | **Thema** | **Wort Gottes** | **Gegenfrage** |
|---|---|---|---|---|
| 1. | 1,2-5 | Gottes Liebe | 1,2: »Ich habe euch lieb« | 1,2 |
| 2. | 1,6–2,9 | Gottes Ehre | 1,6: »Wo ist meine Ehre?« | 1,6 b |
| 3. | 2,10-16 | Gottes Ordnung | 2,11: »Juda entheiligt…« | 2,14 |
| 4. | 2,17–3,5 | Gottes Gericht | 2,17: »Ihr macht… unwillig« | 2,17 |
| 5. | 3,6-12 | Umkehr | 3,7: »Bekehrt euch nun zu mir« | 3,7 b + 8 |
| 6. | 3,13-24 | Glauben lohnt sich | 3,17: »Sie sollen… mein Eigentum sein« | 3,14 |

*Blättern Sie das ganze Buch durch und lesen Sie die in den rechten Spalten angegebenen Verse und, wenn möglich, noch mehr – so viel Sie können.*

Beachten Sie bitte die Verse 3,1+23 f; sie weisen auf den Boten, der vor dem Messias kommen wird. Der Engel im Tempel, der die Geburt Johannes des Täufers ankündigte, nahm diese Verheißung auf (Lk 1,17; vgl. Mt 17,11-13). So weist das Ende des Alten unmittelbar hinüber zum Beginn des Neuen Testaments.

*Hier, auf der letzten Seite dieses Heftes, zur Erholung und Erinnerung noch einige Rätsel:*

***Feuer***

*Stellen Sie sich vor, fünf Männer, die Sie in diesem Heft kennengelernt haben, treffen sich an einem Feuer – und erinnern sich an ihre »Feuer-Erlebnisse«. Wer steckt hinter welchem (fiktiven!) Gesprächsbeitrag?*

***»Ja, damals war's heiß! Sogar die Wächter meiner drei Freunde verbrannten!«***
***»Ach, ich hab' schöne Flammen gesehen! 49 waren es – herrliche Lichter! Die Ölbäume waren wunderschön angestrahlt.« »Aber das war gar nichts gegen das Feuer an dem Wagen – der bestand ganz aus Feuer, alles war Licht, Herrlichkeit – wie soll ich das nur beschreiben?«***
***»Ich kam mir oft gar nicht so toll vor, mehr wie eine Funzel, die bald im Wind verlöscht. Aber wie gut, dass mir unser Herr sagte, dass er auch den glimmenden Docht nicht auslöschen wird.«***
***»Aber das Feuer, das Steppen und Wälder verbrennt – ja, ja, der Tag des Herrn wird kommen! – das wird ein Ende haben; dann wird Gott wieder gnädigen Regen geben.«***

***Staatsmänner***

*Folgende Inschriften könnten auf Gräbern von Staatsmännern stehen. Welche Namen stehen darüber?*

| | | | |
|---|---|---|---|
| **Ermordet in seltsamer Nacht mit feuriger Schrift.** | **Dem Volk gab er Freiheit; sein Edikt erlaubte den Tempelbau.** | **Er weihte den Tempel ein und war Träger beider Ämter.** | **Ein Staatsmann im fremden Land, der seine Freunde in hohe Posten hob.** |

***Ärger***

*Schauen Sie sich um (in diesem Heft)! – überall Gestalten voller Ärger, zum Beispiel:*

- Da sitzt Jona trotzig unter dem Rizinusstrauch.
- Dort zeigt Obadja mit saurer Miene auf südliche Berge.
- Und warum sitzt da Esra in zerrissenem Kleid und mit gerauftem Haar?
- Auch Nehemia, der Mundschenk von Susa, ist ganz bestürzt.
- Sogar Haggai hat Grund zum Ärger! »Die verwechseln Ursache und Wirkung«, murmelt er.

*Können Sie jeweils den Grund des Ärgers angeben?*

***Mauern***

*Welche Szenen sind hier dargestellt?*